MYSTIK
UND
RATIONALISMUS

VON

CHRISTIAN JANENTZKY

MÜNCHEN UND LEIPZIG
VERLAG VON DUNCKER & HUMBLOT
1922

Vorliegende Schrift ist entstanden aus einem Vortrag, den ich im Februar 1922 in der Kant-Gesellschaft, Ortsgruppe München, gehalten habe.

Wenn man über das Verhältnis von Myſtik und Rationalismus handeln will, ſo iſt die Aufgabe weſentlich hiſtoriſch zu faſſen; und zwar aus dem Grunde, weil die prinzipielle und ſyſtematiſche Anwendung der Begriffe des Myſtiſchen und Rationaliſtiſchen ſich terminologiſch immer wieder orientieren muß an dem, was in der Geſchichte der weltanſchaulichen Beſinnung typiſch als Myſtik und Rationalismus auftritt und als ſolches verſtanden zu werden fordert. Der populäre Sprachgebrauch oder auch ein akutes philoſophiſches Bedürfnis mögen die Begriffe loslöſen von dem hiſtoriſchen Boden, ſie ungenau anwenden oder für ihre Zwecke in einem beſonderen Sinne gebrauchen, und ſie mögen ein relatives Recht dazu haben, aber damit wird die Diskuſſion geiſtesgeſchichtlicher Begriffsbildung nicht gefördert, und für das Verſtehen oder Erklären tatſächlicher, ſich ſelbſt in Zuſtimmung und Ablehnung behauptender Erſcheinungen der Vergangenheit iſt damit nichts getan.

Die Myſtik und der myſtiſche Menſch ſind nicht

in demselben Maße in einer Generation und Epoche faßbar wie etwa Gotik und Romantik und darum vielleicht schwerer zu definieren; aber da man dem gotischen Menschen und dem Romantiker, so gut wie dem Klassiker und dem Menschen der Renaissance und des Barock die Repräsentation einer zeitlichen Epoche genommen hat, um sie zu Vertretern einer allgemeinen Mentalität zu machen, und da man weiter die geistigen Verhaltungsweisen, die Möglichkeiten der weltanschaulichen Einstellung überhaupt unter diese Rubriken einzuordnen versucht hat, scheinen Mystik und Rationalismus nur als Teilbegriffe eines übergreifenden Typus existieren zu können. Daß zum Beispiel Mystik und Romantik dasselbe seien oder daß die Mystik unter den weiteren Begriff des Romantischen falle, ist eine immer wieder geäußerte Ansicht, ohne daß sie durch Wiederholung richtig würde.

Zugrunde liegt einem solchen Verfahren ja die Hypothese einer Zweiteilung der menschlichen Geistesrichtungen, analog etwa den Gegensätzen von organisch und mechanisch, dynamisch und statisch, idealistisch und realistisch u. dgl., und wenn man eine Synthesis dieser Antithesen zuläßt, so besteht sie hauptsächlich in einer Mischung des ursprünglich Verschiedenen. Aber auch hiermit ist weder der Mystik noch dem Rationalismus gedient. Würde man dazu dem populären Sprachgebrauch trauen, so ständen sich Mystik und Rationalismus feindlich gegenüber, dem mystischen Dunkel, dem Okkulten und Wunderbaren die verständige Klarheit, das vernünftig Bewiesene und Begreifbare. Es gibt ja auch ein Buch von du Prel, das sich »Philosophie der Mystik« nennt und vom Somnambulismus und ähnlichen Erscheinungen handelt, von dem also, was die Romantik als Nachtseiten der Natur entdeckte.

Es soll nun keineswegs geleugnet werden, daß die angenommene Zweiteilung als bequemes Hilfsmittel für die Betrachtung historischer, besonders kunsthistorischer Erscheinungen von Wert sei, aber konstruktive Gewaltsamkeit und Formalismus sind die notwendigen Folgen dieser Methode und ihrer Ausweitung. Daß sie dem Einzelnen, der konkreten Individualität nicht gerecht werde, diesem Vorwurf könnte sie mit ihren besonderen Zielen begegnen, aber daß sie mit einseitiger Blickrichtung etwas zusammenschiebt, was von einem andern, der Natur der Phänomene adäquateren Standpunkt aus sich widerspricht, und umgekehrt, das ist es, was sie für die Bestimmung komplexer weltanschaulicher Begriffe oder geistiger Typen ungeeignet macht. Man mag daher zu dem Relativismus und der Lebensphilosophie von Jaspers stehen, wie man will, jedenfalls hat er in seiner »Psychologie der Weltanschauungen« die bedeutsamen Unterschiede, die strukturelle Differenziertheit typischer weltanschaulicher Verhaltungsweisen scharf abgegrenzt und damit eine neue Grundlage für geistesgeschichtliche Untersuchungen geschaffen. Und ich füge gleich das hinzu, daß ich mich in der allgemeinen Auffassung des mystischen Typus vielfach mit ihm begegne und damit in Gegensatz stehe zu weitaus den meisten, die heute in Wort und Schrift über Mystik sich verbreiten — unter den Ausnahmen nenne ich Friedrich Heiler —, wenn auch das Problem Mystik-Rationalismus von Jaspers nicht auf die Formel oder zu der Lösung gebracht wird, wie ich sie zu geben versuche.

Gewiß handelt es sich bei der Definition des Typus Mystik immer um eine Konstruktion, um die Schaffung eines Idealtypus im Sinne Max Webers, wenn man will, um eine Rationalisierung der Wirklichkeit, insofern als kein empirisches, existierendes Individuum jemals dies Ideal verwirklicht hat und verwirklichen kann; aber die Notwendigkeit einer derartigen Typifierung liegt für jeden, der sich zur Beschreibung geistiger Tatbestände charakterisierender Ausdrücke bedient, klar zutage. Die Frage ist dabei nur die, wie weit eine Typologie, die auf der Abstraktion einheitlicher Merkmale aus mannigfach divergierenden geistigen Zusammenhängen beruht, richtig ist, zumal sie doch immer bei der »Anschauung« des als wesentlich Behaupteten endigt, und es ist zuzugeben, daß damit nie eine völlig und allgemein verpflichtende, restlos demonstrierbare Lösung gefunden werden kann. Andererseits muß sich aber annäherungsweise eine Übereinstimmung erzielen lassen über den Sinn dessen, was die sprachliche Mitteilung durch ein und dasselbe Wort bezeichnet; und das ist nur erreichbar durch eine möglichst genaue Differenzierung, um festzustellen, worin das Spezifische, gerade diesem Typus Wesentliche liegt, der besondere Ort und Konzentrationspunkt seines weltanschaulichen Verhaltens. Nicht das, was sich a u c h bei ihm findet, nicht das, was auch anderen Einstellungen als bloß angehängte Eigenschaft hinzugefügt werden könnte, während es wiederum selber womöglich eine typusbildende Qualität einschließt, kann als konstituierend angesehen werden, sondern nur das dem geistigen Organismus in seiner Besonderheit Verbundene. Um es an einem Beispiel zu erläutern: wenn anscheinend mystisch gerichtete Menschen sich als ethisch oder ästhetisch interessiert erweisen, im ersten Falle etwa Meister Eckehart und Tauler, im andern Plotin, Giordano Bruno, Schopenhauer und meinetwegen auch Rilke, so braucht dies Auch-Ethische und -Ästhetische doch keineswegs zu den konstituierenden Merkmalen des nur und rein Mystischen zu gehören, ja es kann dieses sogar soweit beeinträchtigen, daß seine spezifische Eigenheit dabei vermindert und verwischt wird. Ebenso bei der Hinneigung eines sogenannten Mystikers zu einer besonderen Konfession, zum Katholizismus, Protestantismus oder einer außerchristlichen Religion. Darin mag man eine typisch germanische oder typisch romanische oder typisch orientalische Wendung des typisch Mystischen sehen, aber die Mystik selber, in ihrem Begriff und Wesen wird doch keineswegs notwendig dadurch bestimmt. Dabei können allerdings die nicht-konstituierenden, angehängten Bezüge unentscheidend sein für die Definition des Mystischen, ohne doch dazu in ausschließendem Gegensatz zu stehen; ja, es kann ein verschiedener Grad der Annäherungsmöglichkeit und Affinität vorliegen. Derart, daß Mystik nicht identisch zu sein brauchte mit Rationalismus und ebensowenig mit Irrationalismus und Antirationalismus, während es doch mit dem Rationalen in einem besonderen und notwendigen Verhältnis stehen kann. —

Eine Definition der Mystik wird immer davon ausgehen müssen, daß es sich hierbei um eine Erscheinungsform des religiösen Bewußtseins handelt und in dieser Kategorie des Religiösen um eine eigentümliche Deutung der Beziehungen zwischen Göttlichem und Menschlichem. Nehmen wir zum Vergleich die Phänomene des Theismus und Pantheismus, so unterscheidet sich die Einstellung der Mystik von beiden. Die räumliche Transzendenz eines persönlichen, überweltlichen Gottes, von dem das Individuum sich abhängig fühlt und um dessen Zustimmung oder Gnade es besorgt ist; dies, wie die Immanenz einer mit der Welt als ihrem Ausdrucksmittel kongruenten Gottheit, an deren Gegenwart der Mensch zu partizipieren meint, beides ist nicht mystisch. Auch nicht der Gottesbegriff des Rationalismus, insofern hier eine absolute göttliche Vernunft angenommen wird, deren Walten und Wesen der menschliche Verstand oder Intellekt erkennen zu können behauptet. Und schließlich nicht die Gottesvorstellung des Irrationalismus, wenn dieser die rationale Bestimmbarkeit des Absoluten verneint und doch einen Zugang zu ihm behauptet durch das Vermögen des Gefühls, der Ahnung, des unmittelbaren, nicht durch den Verstand vermittelten Wissens, des Glaubens, der Wahrnehmung, d. h. durch Kräfte, die als antirational empfunden werden, wie etwa im Pietismus und im Sturm und Drang. Hierher würden Spener, Hamann, Jacobi gehören, und hierzu könnte man auch Kierkegaards Religion des Paradox rechnen oder schon Marcions Glauben an den fremden und unbekannten Gott und weiter Tertullians credo quia absurdum, weil von ihnen gerade das Antirationale, Paralogische und Paradoxe, das absolute Wunder zum Kriterium religiöser Wahrheit gemacht wird. Es könnte scheinen, als wäre die Mystik zum mindesten nahe verwandt mit diesem Typus des Irrationalismus oder Antirationalismus, da sie die Unerkennbarkeit des Göttlichen behauptet, da sie von der Gottheit als dem Unbestimmbaren, Namenlosen, Dunklen spricht, zu dem man nur gelangen kann in der Seligkeit des Nicht-Wissens, des Unbewußten. — Aber hier besteht gerade der größte Unterschied zwischen Mystik und Irrationalismus. Die sapientia indocta des Pietisten, die ignorantia docta des Mystikers, und das, was der Sturm und Drang durch Hamann als die sokratische Unwissenheit proklamiert, das ist nicht dasselbe.

Daß der Glaube höher ist als alle Vernunft und insofern suprarational, das ist das Prinzip des Pietismus und des Paradoxismus. Daß der Verstand und seine diskursive Methode, daß alles rationale Reflektieren und Abstrahieren die Wirklichkeit, das Natürliche und Unmittelbare vergewaltige und verfälsche, daß in dem Erkenntnisvermögen des Gefühls oder des Glaubens ohne gelehrtes Wissen der Zugang zum göttlichen Grunde gegeben sei, das ist die These des stürmerischen Emotionalismus und Irrationalismus. Daß die Vernunft in dem gelehrten Nichtwissen über sich selbst hinausgeht, daß die rationale oder intellektuelle Erkenntnis nach Erfüllung ihrer Möglichkeiten sich selbst aufhebt in der Erfahrung eines schlechthin und absolut Transzendierten, das ist der Sinn der mystischen ignorantia docta. Die Mystik ist nicht irrational durch Beziehung auf Instinkt, Gefühl, Ahnung; nicht suprarational durch den Glauben an göttliche Wunder und Offenbarungen; sie ist, wie ich es formulieren möchte, transrational durch die Richtung auf ein Ziel, das in qualitativer Transzendenz, als jenseits des Rationalen stehend angenommen wird. Das Erlebnis seiner Realität begründet sich durch die rationale Substruktion, durch Reflexion und Abſtraktion, die Stufen der Erkenntnis und des Wiſſens bilden die Jakobsleiter, worauf der Menſch zu ihm gelangt als ein doctus, als der Weiſe, bereitet zur ignorantia, zur visio sine comprehensione. Ob man die Phänomene der orientaliſchen oder der abendländiſchen Myſtik betrachtet, die chineſiſche, brahmaniſtiſche, buddhiſtiſche, neuplatoniſche oder die chriſtliche Myſtik, die rationale Unterführung eines Transrationalen iſt überall die gleiche. Das ſpezifiſche Erlebnis des Myſtikers, daß es möglich iſt, mit dieſem abſolut Transzendierten eins zu werden, in der unio myſtica einzugehen in dies völlig außerhalb aller Beſtimmungen liegende Unendliche, in dies Nichts, iſt nicht einfach das Nichtwiſſen und das Unbewußte, ſondern beides als ein Nicht-mehr-Wiſſen und als ein Nicht-mehr-Bewußtes, als ein Hindurchgehen durch die Grade der Erkenntnis und ihrer Unterſcheidungen, um ſich ſelber am Ende im Unterſchiedsloſen aufzugeben. „Es gibt nicht Verſenkung, wo nicht Weisheit iſt, und Weisheit gibt es nicht, wo nicht Verſenkung iſt, und in wem Verſenkung und Weisheit iſt, der iſt dem Nirvana nahe", heißt es im Buddhismus (Heiler.) Und das Mittel oder die Vorbereitung zu ihm iſt ſublimſte, geſteigertſte Abſtraktion, das Leerwerden von der Welt, deren kausale Gesetzmäßigkeit man rational erkannt hat.

Oder sehen wir Plotin an und den Neuplatonismus, die Grundlagen der abendländischen Mystik, die dann durch Pseudodionysius Areopagita offizielles Lehnsgut der christlichen Theologie und Spekulation wurden, wir finden schließlich dasselbe. Dieselbe Transzendierung der Gottheit, des Einen oder Übereinen, aus dem zeitlos und notwendig, wie das Licht aus der Sonne, der reine ungeteilte Geist, der νοῦς emaniert, aus dem νοῦς der Verstand, der Wissen hat von sich selbst und damit Entzweiung, aus diesem die Seele, die gebunden ist an den Körper, und weiter in ewiger Folge die Wesen und Dinge, die immer weniger Anteil haben an ihrem göttlichen Ursprung. Aber dies System der Emanation ist rationalistisch fundiert, ist eine Ordnung des Intelligiblen und seiner gesetzmäßigen Zerlegung, und sein mystischer Abschluß, das Schauen, die Einigung der Seele mit dem Göttlichen, Unbestimmten, Unveränderlichen ist hypernoetisch und betrifft das Nicht-mehr-denkbare. Gerade weil die Grundlagen kognitiv eingelassen sind und bleiben, erhält sich auch ihr besonderer Charakter in der Definition des Undefinierbaren, ob man die Beispiele bei Philo, bei Plotin oder

Proklus oder bei Dionyſius ſucht. Dionyſius nennt als das leßte τὴν ἄλογον καὶ ἄνουν καὶ μωρὰν σοφίαν, wo wir ἀπερικαλύπτως γνῶμεν ἐκείνην τὴν ἀγνωσίαν, und die γνῶσις δι' ἀγνωσίας γινωσκομένη κατὰ τὴν ὑπὲρ νοῦν ἕνωσιν kehrt dem Worte oder dem Sinne nach faſt auf jeder Seite ſeiner »Myſtiſchen Theologie« wieder. Die Gnoſtiker, die Baſilidianer laſſen die Erkenntnis endigen in der μεγάλη ἄγνοια, Nikolaus von Kues in der comprehensio incomprehensibilis, in der docta ignorantia. Meiſter Eckehart wirft das Unwiſſen auf über der Erkenntnis und formuliert ſein myſtiſches Weſen: aus dem Wiſſen ſoll man kommen in ein Unwiſſen; nicht aus Unwiſſen zum Unwiſſen. Und um dieſen Anſtieg und ſeine objektive Logik zu beſchreiben operiert die ganze Myſtik mit rational geordneten Erkenntnisgraden, mit Gebets- und Verſenkungsſtufen, die zum abſoluten Superlativ, zur Gottheit führen; sensus, imaginatio, ratio, intellectus, synderesis, intuitio ſind Namen für die immer gleiche Schichtung der geiſtigen Vermögen, die der mittelalterlichen Myſtik gemeinſam iſt mit Neuplatonismus und Buddhismus, und hierin berührt ſie ſich mit der rationalen Methode der Scholaſtik, wenn auch ihre Tendenz und ihr Telos ſich typiſch unterſcheiden im Transrationalen und Suprarationalen.

Wird das Spezifische der myftifchen Religiofität derartig beftimmt, fo erklärt es fich felber durch die Erhellung einer religiöfen Philofophie und Weltanfchauung, der des S p i n o z a. Selbft Windelband, der das myftifche Element in Spinozas Syftem am ftärkften betont hat, faßt Myftik und Rationalismus als Gegenfätze, die zu durchdringen Spinoza nicht gelungen fei. Aber das Mißverftändnis gegenüber ihrer Synthefe beruht nur darauf, daß die beiden weltanfchaulichen Formen nicht als in k o m p a r a t i v e m V e r h ä l t n i s zueinander ftehend erkannt find. Spinozas Gottesbegriff ift der myftifche, die bis zum Nichts gefteigerte Unendlichkeit, eine Realität, die über aller Veränderung und allem Unterfchied der Eigenfchaften als das Abfolute befteht. In zeitlofer, logifcher Konfequenz entläßt es fich über die unmittelbaren Folgen zu den vermittelten, über die unendlichen Attribute und die unendlichen Modi zu den Einzeldingen, über die Allgemeinbegriffe zu den Gattungsbegriffen und den konkreten Erfcheinungen; und alles ift beherrfcht von dem einzigen rationalen Begriff der Kaufiertheit und der Kaufalität. Indem der Menfch diefe gerade Linie zurückgeht, von dem Verurfachten zur causa sui, über die imaginatio, ratio, den intellectus, die scientia intuitiva, dringt er zum amor dei und erfährt sich als eins mit Gott in der Liebe zu ihm, die identisch ist mit der Liebe Gottes zu sich selbst und den Menschen. Aus der höchsten Erkenntnisart entsteht die beatitudo, der letzte, in sich selbst ruhende Affekt, die Seligkeit des Transrationalen. Das Erkennen ist die Vorstufe und Vorbedingung dieser vollkommensten, durch keine Operation der Vernunft mehr gestörten acquiescentia. Das, was nach Spinozas Worten der menschliche Verstand als Gottes Wesenheit ausmachend erkennt, die Attribute von Denken und Ausdehnung, verschwindet und wird zurückgelassen in dem schauenden Wissen der Gottheit, die an sich aus unendlich vielen Attributen besteht, deren jedes ewige und unendliche Wesenheit ausdrückt. Wie die Neuplatoniker und wie die mittelalterlichen Mystiker entwertet Spinoza das Denken, weil es Bewegung und Veränderung bedeutet; und wie die Mystiker aller Zeiten geht er zum Akosmismus fort, zur Auslöschung alles Körperlichen und Dinglichen, so daß er sagen kann, Dauer, d. h. zeitliche Existenz hat die Seele mit dem Körper, Ewigkeit, zeitloses, wahres Sein ohne ihn. Wie Meister Eckehart oder irgend ein anderer Mystiker schränkt er wieder die Aussagen über Gott und über das letzte Erlebnis als immer nur bildlich und vergleichend ein, denn man könne nicht behaupten, daß Gott eigentlich liebe oder etwas tue, weil damit Eigenschaft und Bestimmtheit dem absolut Unendlichen und Bestimmungslosen zugeschrieben würde. Mit diesem Spinozismus und mit diesem Transrationalismus überstieg dann im 18. Jahrhundert Lessing in seinen Gesprächen mit Jacobi den Rationalismus der Aufklärung, als er eine Gotteserfahrung und eine Gottheit annahm, die nicht nur über, sondern völlig außerhalb aller Begriffe liegt, die mit Ausdehnung, Bewegung, Gedanke nicht erschöpft ist, und deren Möglichkeit nicht dadurch aufgehoben wird, daß wir uns nichts davon denken können.

Es ist die Aufhebung aller Relation zwischen Subjekt und Objekt, die als Telos und Erlebnis den mystischen Typus unterscheidet von jedem andern, besonders auch von dem rationalistischen. Ob der mystische Zustand nun Schauen oder Liebe oder Abgeschiedenheit oder Entwerden genannt wird, die Zweiheit einer Gegenstandsbeziehung ist schlechterdings negiert. Meister Eckehart sagt, wo noch Zwei sind, da ist die Liebe nicht, und er gerade hat den Unterschied zwischen Gleichheit und Einheit in typischer Abgrenzung betont. Gleichheit bedeutet Vergleichung von Zweien, und darum genügt es nicht, Gott gleich zu werden, wir müssen wieder eins mit ihm sein, identisch, vergottet, ohne Wissen und Wollen irgend eines Objektes. Man stelle daneben etwa die rationalistischen Systeme Leibnizens und Hegels. Hier ist es die Aufgabe des Menschen, Gott zu erkennen, ihm durch Steigerung geistiger Vermögen immer näher zu kommen, aber es bleibt stets eine Differenz zwischen Ich und Du, zwischen Subjekt und Objekt. Selbst bei Leibniz, der dem Neuplatonismus verpflichtet erscheint durch seine intellektuelle Gradation der Monaden, der Gott als die höchste Monade körperlos sein läßt, ihn in vollkommenster Klarheit und Reinheit zum absoluten Geist macht und aus ihm in ewiger Stufenfolge alles ausfließen sieht. Selbst er kennt nicht die Entwicklung des Menschen zum rein Geistigen, er wahrt den Abstand auch der höchsten Stufen von Gott, er bleibt Rationalist in der Spaltung von Erkennendem und Erkanntem. Und auf anderem Wege hält sich Hegels Rationalismus ebenso weit entfernt von dem mystischen Ziel und Erlebnis. Es gibt für ihn nicht jene mystische absolute Indifferenz Schellings, die Identität von Subjekt und Objekt, nicht den bestimmungslosen, unbeweglichen Urgrund oder Ungrund, von dem Schelling im Anschluß an

Böhme fprach, die ewige Statik des myftifch Transrationalen löft fich ihm auf in die ruhelofe Dynamik eines geiftigen Prozeffes; und wenn er auch an das Ende der Entwicklung die Rückkehr des abfoluten Geiftes zu fich felbft, in feiner Selbftdurchdringung und -erfüllung fetzt, es bleibt im Vergleich zu Spinoza beim Kognitiven; es wird begriffen, nicht gefchaut, der Menfch gelangt »in Gott«, aber er wird nicht vergottet.

Mit diefer Unterfcheidung wird auch die prinzipielle Bedeutung der Einftellung oder der Begriffe klar, die der Myftik wefentlich zugehören, des Akosmismus, der Weltverneinung und Weltlofigkeit. Wohl entwertet auch der Rationalismus das Dingliche, Konkrete, das Sinnlich-Empirifche, indem er fich feiner als Materials zu rationaler Abftraktion bedient und nur das Allgemeine, Gefetzmäßige, Strukturelle zum Gegenftand feiner Betrachtung und Bewertung macht; aber er findet fich in einem Kosmos, in dem er fich orientieren kann, weil feine Begriffe die kosmifche und göttliche Vernunft fpiegeln und wiederholen, er weiß, was er zu tun hat in der Welt, die fich mit dem Intellekt krönt. Nehmen wir Leibniz und Hegel wieder als Beifpiele und ftellen fie neben den Neuplatonismus und feine Auswirkungen, fo drückt fich die Differenz aus in dem Verhältnis von Evolutionismus und Emanatismus. Selbst wenn von Hegel die ungeheure Arbeit, die der Weltgeist auf sich genommen hat, nicht verkannt wird, die Welt ist bei ihm wie bei Leibniz das notwendige Mittel der Selbsterfüllung, der Vollendung Gottes, sie wird als solches bejaht, alles in ihr weist nach vorwärts und auf ein Höheres, und das Ziel liegt am Ende eines teleologischen Prozesses. Die Mystik dagegen — der Emanatismus Plotins und seiner Schule ist nur die europäische Systematisierung eines typisch mystischen Bewußtseins — sieht das Vollkommene am Anfang, die Welt und alle Stufen der Emanation sind eine Verminderung und Abschwächung des wahrhaft Wirklichen, und es kann nur die Aufgabe des Menschen sein, zurückzukehren in jenen Urgrund der ungeschiedenen Einheit. Meister Eckehart spricht von dem ewigen Rückstarren der Seele in Gott, von dem Rufen und Eilen aller Wesen dorthin, wovon sie ausgegangen sind; Plato und der Platonismus gründen den Trieb, in das reine, unbefleckte Sein zurückzukehren, auf die Erinnerung, die ἀνάμνησις an den Urzustand; der Brahmanismus kennt das Eingehen in den Anfang, wo weder Sein noch Nichtsein war und kein Getrenntes, — und gemeinsam ist ihnen allen die Verneinung der

Welt, deren Schein- und Trugbild nur der Unwissende nicht erkennt, und zum schärfsten Ausdruck ist diese Weltlosigkeit im Pessimismus der Nirvanalehre gelangt. Ich sage nicht, daß Mystik und Pessimismus untrennbar zusammengehören, so wenig wie Rationalismus und Optimismus, und man könnte einwenden, daß auch für das Christentum die Welt im Argen liegt und erst durch ein Wunder die Erlösung aus diesem Jammertal ermöglicht wird; und schließlich kommt es bei Begriffen wie Optimismus und Pessimismus, angewandt auf das Verhältnis des Menschen zu Gott und Welt, darauf an, wie weit und ob die besondere Einstellung modifiziert wird durch die Richtung des Menschen auf das Vor- und Nachweltliche, d. h. ob die Verneinung der Welt durch die Existenz in einer höheren Schicht überhaupt ein durchgängiges Bewußtsein von Leiden und Unlust einschließt. Aber das ist zuzugeben, daß die Mystik, und zwar durch ihre rationale Substruktion und durch ihre absolute Transzendierung des Göttlichen, die Probleme der Weltverneinung und -wertung, die Frage nach dem Verhältnis des vollkommensten Wesens, Gottes, zu einer unvollkommenen Schöpfung und Manifestation, das Problem der Theodizee in einer Sphäre ausgetragen hat, von der aus die religiöse Spekulation der verschiedensten Richtungen und Zeiten beleuchtet und geklärt werden kann.

Die Abwendung der Mystik von der Welt ist deswegen radikal, weil alles in Raum und Zeit Bestehende, alles Unterschiedene und dinglich Begrenzte Entfernung von dem Einen und Unendlichen bedeutet, und es ist die Aufgabe des Mystikers, alles in dies Eine hineinzutragen, das eigene Ich mit allem Leiblichen und Geistigen, mit allem Inhalt der Sinne und der Vernunft. Der Mystiker sucht sich asketisch zu bereiten für den Zustand der Abgeschiedenheit, er bekämpft das Niedere zugunsten des Höheren, er wird unfleischlich um des Geistes willen, er wird »geistlos«, um nichts mehr von der Welt zu wissen, — aber Gott selbst ist ja die Ursache dieser Welt, die es um Gottes willen aufzuheben und zu vernichten gilt. Und diese Welt ist ja in Gott, denn, das ist die Vorstellung des Neuplatonismus, Eckeharts, Spinozas, das Höhere enthält das Niedere in sich, die Ursache das Verursachte, das Unmittelbare das Vermittelte. Der Geist ist nicht im Körper, sondern umgekehrt, die oberen Monaden stellen die unteren deutlich vor, beherrschen und repräsentieren sie vollkommener, und Gott allein begreift alles in sich, kausal, repräsentativ, kognitiv. Aber damit ist Gott die

Urſache des Unvollkommenen, und damit gehört die Unvollkommenheit zu ſeinem Weſen und Begriff; Gott als Weltgott, als natura naturans wie als natura naturata, der Gott, von dem es heißt deus sive natura, kann nicht das Leßte ſein. Dieſer Gott iſt nicht das Eine und Übereine, er iſt nicht mehr das Nichts, er iſt zum Etwas geworden; er iſt aus dem Namenloſen in das Benannte, aus dem Unterſchiedsloſen in das Geſchiedene eingegangen. Es gibt keine andere Möglichkeit für den von einem abſoluten Wert durchdrungenen und auf das Allerleßte gerichteten Menſchen, als auch ihn auszulöſchen und über ihn hinwegzugehen. Meiſter Eckehart ſagte, wir müßten Gottes ledig werden, Angelus Sileſius forderte: »Man muß noch über Gott«, man ſolle »mehr als göttlich ſein«, und ſie ſchieden die »Gottheit« von »Gott« oder von der Gottheit die »Über-Gottheit« als das »Nichts und Über-Nichts«, und ſie meinten nichts anderes als den θεὸς ἄγνωστος und ἄρρητος Philos und der Gnoſtiker, dasſelbe, wovon die Neuplatoniker und Dionyſius Areopagita nur in Negationen ſprechen wollten und konnten. Die Myſtiker und die Gnoſis haben es zu motivieren verſucht, rational und logiſch ihren Transrationalismus dokumentierend, warum der Weltgott Unvollkommenes verursachen und bewirken mußte, sie haben Gott ein ihn Beschränkendes an die Seite gestellt, die Materie als das Urböse, das πρῶτον κακὸν, und darin seine notwendige Behinderung gefunden; und vor allem die Gnostiker haben kein Hehl gemacht aus ihrer Abneigung gegen den Schöpfergott, er war ihnen malus und malignus, und sie hielten sich an den neuen und wahren Gott, der die Menschen von der Welt erlöste. Aber damit ist eine Schuld in den Weltgott getragen, die er hätte vermeiden können, und das ist die Grenzscheide gegenüber der Mystik. Hier, in der Mystik, gibt es nicht das, was sein kann und nicht sein kann, nicht das paradoxe Eintreten eines Fremden und Unbekannten, nicht die zeitliche Offenbarung und das Wunder, wie bei Marcion, sondern nur die rationale, ewige Konsequenz, die bis in das Transrationale sich erstreckt. Macht man mit Meister Eckehart die charakteristische Scheidung zwischen Gottheit und Gott, worin ihm der extreme Realist Gilbert von Poitiers vorangegangen war, und trennt man beides mit Eckeharts Vergleich als Nichtwirken und Wirken, als Ruhe und Tätigkeit, so ist es eben die logisch fundierte Ansicht der Mystik, daß die Gottheit zu Gott werden müsse, das Unbestimmte zum Bestimmten, das Eine zum Entzweiten, das Nichts zum Etwas. Es ist das Bewußtsein der notwendigen, ewigen Folge, der unausweichlichen geistigen Degradation von der Gottheit zur Welt, die eine letzte Tragik einzuschließen vermag. Die Mystik hat so wenig wie eine andere Weltanschauung den Übergang vom Unendlichen zum Endlichen, des Überwirklichen in die Wirklichkeit klar machen können, sie rettet sich in die Sphäre, wo nichts mehr oder noch nichts gewußt wird, aber der entscheidende überzeitliche Moment ist der, wo ein rein Geistiges oder Transrationales, der neuplatonische νοῦς oder das Eine sich im Selbstbewußtsein entzweit, sich selbst erkennt und sich damit als das Eine und das Andere manifestiert. In diesem Augenblick ist ein Gestaltloses Form geworden, ausgesprochen, der Ungrund hat sich in Grund gefaßt, in Schiedlichkeit und Widerwärtigkeit, wie Böhme sagt. Hier ist die Gottheit zum Logos geworden, zum Weltgott, zum Inbegriff alles Wirklichen, zum Gegenwurf und Objekt. Darin drückt sich die rationale Substruktion des typisch Mystischen am stärksten aus: infolge einer logischen und überlogischen Notwendigkeit muß das Unfaßbare sich befassen, und infolge derselben Gesetzmäßigkeit muß dies Wirklich-Gewordene unvollkommen sein, ob man es Gott oder Welt nennen mag.

Hier ist zwar die Zufälligkeit eines blinden, unvernünftigen Willens prinzipiell ausgeschaltet, aber der moderne Pessimismus von Schopenhauer, Hartmann und Drews kann sich doch in manchen Punkten auf die Mystiker berufen, besonders, wenn er wie Hartmann das Bewußte als eine niedrigere Stufe des Unbewußten als des Vor- und Überbewußten faßt und die Mängel des Bewußtseins eben in der Subjekt-Objekt-Spaltung erblickt, aus der heraus die Mystik wieder zurückkehrte in die coincidentia oppositorum und das Nichtwissen über dem Wissen.

Von diesem Standpunkt aus aber wird die Mythologie der positiven Religionen verständlicher, ihre Kosmogonie und Theogonie, ob vom Judentum, vom Manichäismus, von der hellenischen oder zoroastrischen Religiosität die Rede ist. Es handelt sich um die Beschränkung des Weltgottes und des Weltschöpfers durch ein ihm entgegenstehendes, feindliches Prinzip, durch die Schlange, den Satan, das Reich der Finsternis, das Schicksal, und das liegt aller religiösen Spekulation dabei zugrunde, daß es so sein muß, die Hinnahme eines Unabänderlichen, absolut Notwendigen, wenn auch der allmächtige und allwissende Gott, der sein Werk loben kann, darüber zur Fiktion und zum Nonsens wird. Das mystische Bewußtsein und die Aufrichtung eines Transrationalen führt darum mit logischer Eindeutigkeit zum Akosmismus und zum Atheismus, d. h. zur Leugnung des Theismus, weil der Weltgott determiniert ist, und omnis determinatio est negatio. Alles Endliche ist mangelhaft gegenüber dem Unendlichen, die Welt als Welt ist unvollkommen, das Realwerden und Sagen-Können: Ich bin, der ich bin, dies Ich-sein-Wollen und -Müssen ist von der Mystik aus gesehen die »Erbsünde« Gottes und nicht die der Menschen, oder dies doch nur als Folge des ersten. Sagen wir es mit Worten aus Hegels Logik und seiner Phänomenologie oder ziehen wir sie in unsern Zusammenhang: die Mystik kennt nur den Gott, »wie er in seinem ewigen Wesen vor der Erschaffung der Natur und eines endlichen Geistes ist«, und »unschuldig ist nur das Nichttun, wie das Sein eines Steines, nicht einmal das eines Kindes«. Böhme hat die Antithetik des Begriffes, des Logischen selbst erfaßt, als er das Gute und Böse zugleich in Gott verlegte, in den Gott, der will und handelt, der nicht vollkommen sein kann, weil es logisch unmöglich ist. Gott kann das Gesetz des Ja und Nein nicht wenden. Nur in einer andern Tonart sagt der Buddhismus dasselbe. »Fünf Dinge gibt es, die kein Samana erlangen kann und

kein Brahmane, noch ein Gott, noch Brahma, noch irgend ein Wesen in der Welt: daß, was dem Alter gehört, nicht altere; daß, was der Krankheit gehört, nicht kranke; daß, was dem Tode gehört, nicht sterbe; daß, was dem Verfall gehört, nicht verfalle; daß, was der Vergänglichkeit gehört, nicht vergehe« (Oldenberg). —
Für den Mystiker gibt es nur eine Sünde, das Selbstsein und das Selbstbewußtsein, und Kierkegaard hat darum sehr treffend gesagt, er bereut metaphysisch, nicht ethisch; er bereut sich selbst abstrakt, weil das Dasein, die endliche Wirklichkeit ihm Sünde ist (Entweder — Oder). Aber der Schritt zur Entzweiung durch das Selbstbewußtsein fällt in Gott, weil er nicht anders »Gott« sein kann als durch das Eine und das Andere, weil etwas entzwei gehen muß, wenn er in Raum und Zeit und ihre Realität eintritt. Die Neupythagoräer und ihre »Zahlenmystik« setzen an die Stelle der begrifflichen Substruktion die nicht weniger rationale arithmetische sie nennen die Eins das Vollkommene, die Zwei das Schlechte, und sie lassen durch Selbstverdoppelung des Ersten die Zweiheit, das Entzweite hervorgehen. Sie projizieren menschliche Geschiedenheit zurück in dies Vorweltliche und geben ihm die Einheit des Mannweiblichen, wie die gnostische

Sekte der Naaſſener oder Ophiten die Göttlichkeit des Urmenſchen als eines ἀρσενόθηλυς zu retten ſuchen, oder wie Johannes Scotus Eriugena den ſündloſen paradieſiſchen Menſchen geſchlechtslos beſtimmt und ihn in Chriſtus wiederhergeſtellt ſieht, in dem nec masculus nec femina est. An ihn ſchließen Böhme und Baader an, und durch die Antike bis zur Romantik geht die Sehnſucht nach dem Androgyn, nach der verlorenen Einheit des Menſchlichen, hinter der die des Göttlichen ſteht. Aber mit der Tatſache der Welt iſt das Verderben gegeben, die Individuation und Beſonderung. Die jüdiſche Mythologie läßt aus dem erſten Menſchen den zweiten folgen, aus dem Manne das Weib, und mit dieſem Anderen und ſeiner Erkenntnis als eines Anderen iſt gut und böſe auseinander und gegeneinander getreten, und durch das Geſetz, das ein getrenntes Sollen und Dürfen gebietet, iſt die Sünde in der Welt manifeſtiert, die mit ihr unvermeidlich geworden iſt. Der Mythus von Zagreus iſt aus demſelben Bewußtſein entſtanden: die Feinde des Zeus, die Titanen, gewinnen in dem Augenblick den Sieg über den Gottesſohn, als ſie ihm einen Spiegel geben, in dem er ſich ſelbſt findet und erkennt, ſich ſozuſagen verdoppelt, und Zeus kann ihnen nicht wehren, weil er ſelbſt der unvollkommene Gott, der Weltgott ist und ohnmächtig vor dem Gesetz der Entzweiung, wie vor ihm Uranos und Kronos.

Sebastian Franck, der Zeitgenosse Luthers und Gegner des Reformators einer christlichen Kirche, hat auf diese unabänderliche Notwendigkeit, daß die Welt Welt sei, mit sich uneins und gespalten, seinen Spiritualismus und Pessimismus gegründet, und er flüchtet sich wie die ganze Mystik in die unsichtbare Kirche und den unsichtbaren Gott, aus der Welt, die in Scheidungen lebt und sie nicht übersteigen will mit der Einsicht der docta ignorantia, in der man vom Einen weiß.

Man könnte nun einwenden, daß die Mystik dies Ausgehen Gottes oder der Gottheit aus dem An-sich-sein in das Für-sich-sein, dies Sich-Mitteilen häufig genug als einen Akt der Liebe bezeichnet habe und damit als etwas Freies und Lustbetontes, und daß sie ja in der Liebe den Unterschied von Ich und Du, von Göttlichem und Menschlichem aufheben will und im Eros ihr Erlebnis symbolisiert; aber das ändert doch nichts daran, daß auch hierbei der Begriff des Gesetzmäßigen und der Notwendigkeit fortbesteht. Einmal nimmt die Mystik das Attribut Liebe für Gott immer wieder als eine inadäquate Benennung zurück, wie das der Güte, aber wo sie damit einen Weg durch ein Bild andeutet, beruht die Geradlinigkeit ihrer Reflexion auf der Sicherheit des Erfolges, wenn die Voraussetzung reiner, selbstloser Liebe gegeben ist, und alle Vorstellungen von Gnade und Gunst sind als nur angehängte, eigentlich dem Typus des Suprarationalismus zugehörige, auszuscheiden. Daß Gott muß, daß er nicht anders kann, als selbst entwerden und seine Gegenständlichkeit verlieren, wenn der Mensch sein Ich in der Liebe zu ihm vernichtigt, das sagt Meister Eckehart immer wieder und Angelus Silesius nichts anderes. »Die Liebe zwinget Gott«, »Der tote Wille herrscht«. »Dafern mein Will' ist tot, so muß Gott, was ich will: Ich schreib ihm selber für das Muster und das Ziel.« Und diesen Zwang der Liebe, dies Müssen, dem Gott untersteht, hat Mechtild von Magdeburg nur aus dem Logischen in das Poetische übertragen in ihrem »Fließenden Licht der Gottheit«, in dem Gespräch der Minne mit der Seele. »So ich dir Keulenschläge gebe, bin ich deiner gewaltig. Ich habe den allmächtigen Gott von dem Himmelreich getrieben und habe ihm genommen sein menschliches Leben und habe ihn mit Ehren seinem Vater wiedergegeben. Wie möchtest du, schnöder Wurm, vor mir genesen.«

Was ich bei dem allen für die Beſtimmung des myſtiſchen Typus feſthalten will, iſt der logiſche und rationale Unterbau dieſer Einſtellung und Richtung und ihrer akosmiſtiſchen Religioſität. Gewiß handelt es ſich hierbei um eine Art von Pantheismus oder Panentheismus, um eine Art von Immanenz, inſofern das geiſtige oder göttliche Prinzip in allen Weſen und Dingen herrſchend gedacht wird; aber das iſt entſcheidend: Die Gottheit iſt nicht in der Welt und nicht in dem Weltgott, ſondern Gott und Welt ſind in ihr und unter ihr, und die Gottheit als das abſolut Transzendente iſt nur im Seelengrunde, weil ſie mit ihm identiſch iſt. Meiſter Eckehart hat geſagt: »Daß Gott Gott iſt, deſſen bin ich Urſache. Gott hat ſich von der Seele, daß er Gottheit iſt, hat er von ſich ſelber.« »Wäre ich nicht, ſo wäre auch Gott nicht.« Bei Angelus Sileſius heißt es: »Ich weiß, daß ohne mich Gott nicht ein Nu kann leben, Werd' ich zunicht, er muß von Not den Geiſt aufgeben.« Und auch dies deutet nur hin auf die allgemeinſte logiſche Geſchloſſenheit eines zeitloſen Prozeſſes, wo das Ich-Werden des Menſchen und das Ich-Werden Gottes ein ungeteilter Akt iſt, wo Ich und Gott ſich in ihrer Exiſtenz bedingen und darum auch beide in einem Akt entwerden und ſich aufheben. Der

Menſch muß Gott als in Zeit und Raum exiſtierend vorſtellen, er muß wie bei Spinoza die unendliche Subſtanz in den Attributen von Denken und Ausdehnung erkennen, aber er muß mit derſelben Notwendigkeit auch alles Konkretſein und alle Form, bei ſich ſelbſt wie bei Gott, aufheben, weil ſich in ihm ſelber Ausgang und Rückkehr eines Überſeienden vollzieht. Wenn man wollte, ſo könnte man an dieſem Punkte eine Aſſonanz der kantiſchen Lehre vom Intelligiblen an die Myſtik finden, ohne Rückſicht darauf, was man ſonſt gelegentlich mit Kants Myſtik und Myſtizismus meinen mochte. Die anfängliche Beſchränkung der Erkenntnis auf die Welt der Erſcheinungen, der Agnoſtizismus in bezug auf das An-ſich der in Raum und Zeit geordneten Dinge, die Reſignation gegenüber allen Verſuchen, die objektive Realität Gottes, des Unbedingten, rational beweiſen zu wollen, das hindert Kant doch nicht, mit ſeinem Freiheitsbegriff in die Sphäre eines im weſentlichen Transrationalen überzutreten und der ratio ein Vermögen überzuordnen, das als reine praktiſche Vernunft der reinen theoretiſchen nicht entgegengeſeßt iſt, ſondern unter dem Begriffe der Vernunft eins mit ihr. In der Lehre vom Primat des Willens, in der Unterſcheidung des Menſchen als eines übersinnlichen Wesens, als Noumenon, von seiner empirischen Existenz als Phänomenon, in der Identifikation dieses Noumenon mit dem Ding an sich, mit dem Intelligiblen als Grund und Zweck der theoretischen Erkenntnis, in der Entkleidung dieses rein Menschlichen von aller konkreten, individuellen Gestalt wie von aller empirischen, psychologischen Kausiertheit und Motiviertheit, in dem ganzen komparativen Verhältnis der raum-zeitlichen Welt und ihrer Erkenntnis zu der Welt der Freiheit und ihrer Unerklärbarkeit, hierin streift Kant zum mindesten an Reflexionen, die dem Transrationalismus geläufig sind. Wenn er Gott als Wesen an sich selbst ewig und zeitlos die Dinge an sich selbst, die Noumena schaffen läßt, und wenn er dem Intelligiblen, der Freiheit von der Naturkausalität, »eine Kausalität nach unwandelbaren Gesetzen, aber von besonderer Art«, zuschreibt; wenn das, »was den Menschen über sich selbst erhebt«, »ihn an eine Ordnung der Dinge knüpft, die nur der Verstand denken kann und die zugleich die ganze Sinnenwelt unter sich hat«, so ist auch hier das Rationale über sich selbst gesteigert zu einer höheren, unbekannten und unerklärbaren Schicht des Geistigen, von der der Mensch »wohl weiter nichts weiß, als daß darin reine, von Sinnlichkeit unabhängige Vernunft das Gesetz gebe«; wofelbst er aber »als Intelligenz das eigentliche Selbst ist«, »als Mensch hingegen nur Erscheinung seiner selbst« (Kritik der prakt. Vernunft und Grundlg. zur Metaph. der Sitten). —

Damit wird Kant gewiß nicht zum Mystiker und damit soll auch nicht das Wesentliche seiner geistesgeschichtlichen Leistung bezeichnet werden. Zudem faßt Kant das Vermögen der Freiheit durchaus als praktisch, als tätig und interessiert an ihrer Verwirklichung in der Welt, und unterscheidet sich damit von dem Ideal der Mystik, nichts zu tun und nichts zu wollen, um zum Nichts zu werden; aber der Einschlag des Transrationalen ist, auch ohne den Begriff der Gottheit und der Einigung im mystischen Sinne, gegeben, und seine typische Affinität mit dem Rationalismus zu erweisen, darf Kant wenigstens als Beispiel dienen.

Läßt man diese Einschränkung gelten, so befinden wir uns in einer ähnlichen Lage gegenüber Leibniz und seiner Theodizee. Es braucht dabei nicht betont zu werden, daß manche Begriffe seiner Philosophie bis in sprachliche Wendungen an die Mystik erinnern, am meisten in seiner deutschen Schrift »Von der wahren Theologia mystica«, noch daß er vieles dem Neuplatonismus, Giordano Bruno und Nikolaus von Kues verdankt. Es handelt fich vielmehr darum, daß fein typifcher Rationalismus in der Frage der Kosmogonie und der Theodizee einen Hintergrund fehen läßt, der bei aller optimiftifchen Färbung doch den Begriff des allmächtigen und vollkommenen Gottes in fich aufhebt und prinzipiell eine Blickrichtung ermöglicht, vor der fich die Tatfache einer mangelhaften Welt als notwendig gegenüber einem Transrationalen ergibt. Aus der Erkenntnis des Unvollkommenen in der Welt entfteht das Problem der Rechtfertigung Gottes, und Leibniz verfucht es zu löfen durch den Nachweis, daß die beftehende Welt die befte der möglichen fei. Aber damit ift fie nur relativ gut, und das heißt, daß es felbft Gott nicht möglich war, eine beffere oder vollends eine fchlechthin vollkommene zu fchaffen. Der Grund dafür liegt im Wefen des Rationalen oder Logifchen felbft; in den »ewigen Wahrheiten«, die auch für Gott gelten und deren Dafein als etwas nicht weiter Ableitbares die Wirkung eines Zwanges und einer Nötigung einfchließt für jedes Wiffen und Bewußtfein, auch für die Allwiffenheit Gottes. Leibniz hat im Grunde die von Bayle aufgedeckte Antinomie zwifchen dem Begriff der Allmacht und der Allwiffenheit nicht aufgelöft, fein Gott ift als ein im höchften Sinne Denkender abhängig von den das Denken beherrschenden Gesetzen selbst. Realisiert Gott die Welt, handelt er durch Schöpfung eines Wirklichen, so könnte sein Entschluß zur aktuellen Äußerung willkürlich und alogisch sein, aber für das Wirkliche, für jeden Inhalt haben die ewigen Wahrheiten absolute Geltung. Leibniz hat sich den Konsequenzen nicht zu entziehen vermocht wie Descartes, der die absolute Willkür und Allmacht Gottes über das Logische stellt und die ewigen Wahrheiten von Gott abhängig sein läßt, so daß Gott auch einen viereckigen Kreis schaffen könnte und bewirken, daß 2×2 nicht 4 ergäbe. Für Leibniz untersteht Gott als Weltschöpfer dem Satz des Widerspruches; aber das Formale erfüllt sich unter dem Gesichtspunkt der Theodizee mit Inhalten, und diese werden gewertet, und nun ist Gott beschränkt und begrenzt durch die Gesetze der Logik, daß das Gute nicht ohne das Nicht-Gute, das Vollkommene nicht ohne das Nicht-Vollkommene, das Unendliche nicht ohne das Endliche existiert; daß es zum Begriff des Endlichen oder der Welt gehört, besten Falles relativ gut zu sein. Gott kann nicht anders, als diese Notwendigkeit dokumentieren, selbst wenn er es wollte; und daß man diese Einsicht ohne Optimismus vollziehen könne, bewies Voltaires resignierte Skepsis und sein Candide: Si c'est ici le meilleur des mondes possibles, que sont donc les autres? Wenn es selbst scheint, als ob für Leibniz Gott sich des Schaffens und damit der Antithetik enthalten könnte und nicht wirklich zu werden brauchte, so steht doch über seiner Potentialität und der möglichen Wahl seines Verstandes wieder ein nicht mehr rational Demonstrierbares, ontologisch Gegebenes, die Tatsache eines ursprünglichen Strebens, einer metaphysisch gegründeten Tendenz, vorzustellen, zu repräsentieren, geistig tätig zu sein, derzufolge man das Wollen nicht wollen oder unterlassen kann, sondern will aus Notwendigkeit. Und das trifft sich mit Leibnizens Begriff von Gott als der Urmonade, dem rein Geistigen; denn wenn dies über der Gradation der Wesen besteht, so doch nicht ohne sie, es muß notwendig aus dem reinen Sein in die Wirklichkeit eingehen, aus dem An-sich zum Für-sich werden, Weltgott und Schöpfer eines Unvollkommenen. Das aber hat nichts mehr mit den Maßstäben des Eudämonismus zu tun, weil das Kriterium für das Relative genommen wird aus einem Metalogischen und Transrationalen.

Indessen, ich will nicht den Anschein erwecken, als ob alles der Mystik angeglichen werden und mystifiziert werden sollte und komme zu dem letzten Merkmal typifch myftifcher Befinnung, zu dem triadifchen Denken. Nicht, daß fich der Myftik der Prozeß des Einen, feines Ausgangs und feiner Rückkehr in triadifchem Rhythmus darftellt, ift das Wefentliche, fondern daß diefe Trias gefaßt wird als logifch gefetzmäßig, und daß diefe rationale Notwendigkeit projiziert wird in das Transrationale, in Theogonie und Kosmogonie. Der Neuplatoniker Proklus fprach von μονή, πρόοδος und ἐπίστροφή und erläuterte ihr logifches Verhältnis an den Begriffen von Urfache und Wirkung; Philo, die Neupythagoräer, Dionyfius Areopagita, Johannes Scotus Eriugena, Meifter Eckehart, Böhme, Weigel, Schwenkfeld haben ihre Myftik in diefem Dreitakt bewegt und beruhigt, der Rationalismus des 18. und 19. Jahrhunderts konnte vielfach an fie anknüpfen. Philo nennt die zweite Stufe den Logos oder den Sohn und Mittler, das Johannes-Evangelium identifiziert den präexiftenten Chriftus mit dem weltfchaffenden Logos; Paulus fagt, daß durch Chriftus alle Dinge gefchaffen find, er läßt ihn reden aus den Propheten, er macht ihn zum Abbild des unfichtbaren Gottes, zum Erftgeborenen der ganzen Schöpfung, und gemeinfam ift ihnen ein Horizont, vor dem diefer Sohn nur Mittler ift für etwas, was über ihm fteht und wohin er zurückkehrt, damit Gott wieder alles in allem fei. Philo formuliert es: nur die Unvollkommenen fehen im Sohne den wahren Gott, die Vollkommenen aber werden felbft Söhne Gottes und gelangen zum Schauen des Unfichtbaren. Die Übereinftimmung der myftifchen Trias mit der chriftlichen Spekulation über die Dreieinigkeit und das Verhältnis von Vater, Sohn und Geift foll nicht geleugnet werden, noch weniger aber die fpezififchen Unterfchiede, die fich hierbei zwifchen Suprarationalismus und Transrationalismus ergeben, und die in ihrer Entwicklung eine Abgrenzung von Myftik und Scholaftik ermöglichen oder notwendig machen. Rationale chriftliche Dogmatik mag die Einheit von Glauben und Wiffen zu demonftrieren fuchen und Offenbarungswahrheiten in Vernunftwahrheiten umfeßen, die Tatfache des Paradox, der Begriff der Gnade und die Bedeutung des Sohnes als des Erlöfers müffen immer wieder den rein logifchen Ablauf durchkreuzen. Das ift entfcheidend: die Myftik glaubt nicht, fie knüpft die Seligkeit nicht an ein konkretes Mittel, fie kennt nicht die Vollendung in einem Jenfeits, fie wartet nicht auf das Eingehen zu Gott im Himmel; fie bleibt im Ablauf des Rationalen und feiner zeitlofen Haltung, und damit hält fie die Möglichkeit offen, in jedem Augenblick die Rückkehr in die transrationale Gottheit zu vollziehen, die weder Vater, noch Sohn, noch Geist ist. Wo die Mystiker sich der christlichen Mythologie und Terminologie bedienen, entsteht dadurch der charakteristische Eindruck oder die Tatsache einer Quaternität, bei Eckehart so gut wie bei Böhme, weil das Summum bonum, der Vater, schon etwas Bestimmtes und Benanntes ist; und Bernhard von Clairveaux mußte darum die Trennung von Gottheit und Gott bei Gilbert von Poitiers bekämpfen, denn sein Gott ist unissimus und divinitas est deus, es gibt für ihn nicht das Übereine. Für den christlichen Theismus und Monotheismus ist das Absolute Ich, und wenn es im triadischen Prozeß sich äußert, zum Du wird und seine Identität über den Gegensätzen von Ich und Du wieder herstellt, es bleibt »Subjekt« und unterscheidet sich dadurch von der mystischen Gottheit und der mystischen Dreiheit des göttlichen Wesens, weil hier im wesentlichen das Selbstbewußte aus dem Unbewußten hervortritt, das Ich aus dem Nichts, um wieder darin einzugehen. In der letzten Einheit hat nie der Vater von einem Sohne, noch der Sohn von einem Vater gewußt, sagt Eckehart, denn da gibt es weder Sohn, noch Vater, noch heiligen Geist; und in den Seelengrund vermag auch Gott nicht zu schauen, sofern er noch bestimmt ist als Person; nur als das Eine, ohne alle Namen und Eigenschaft, nicht Vater, Sohn, noch heiliger Geist. Nur bildlich, niemals aber im Sinne der christlichen Dogmatik ist es zu verstehen, wenn die Mystiker doch wieder die Gottheit als Vater bezeichnen und sein Ausfließen als den Sohn, weil im Sohn, im Logos für sie alles das eingeschlossen liegt, was die christliche Spekulation als die Dreieinheit Gottes begreift; und dieser »Gott« ist für die Mystik nur Stufe, nicht Totalität, des logischen Prozesses, der als solcher, durch sich selbst, darüber in das Nicht-mehr-logische hinausgeht.

Hier liegt auch der Grund für den fundamentalen Gegensatz zwischen Mystik und Scholastik, und es ist falsch, ihre Grenzen zu verwischen, in Eckehart nur den Schüler und Plagiator seines mißverstandenen Lehrers Thomas von Aquino zu sehen oder in der deutschen Mystik nur die Popularisierung des scholastischen Systems. Gewiß sind die Denkmittel die gleichen, rational und intellektualistisch, und dazu noch der Gegenstand der gleiche, das Problem der Dreieinheit, aber das Erlebnis und das Ziel beider ist grundsätzlich verschieden. Für die Scholastik ist das zweite Glied der Trias wesentlich und entscheidend, Erhebung,

Erlösung, Seligkeit; für die Mystik Senkung, Interim, ein Unzulängliches und Aufzuhebendes, niemals Inbegriff und Gegenstand der Religiosität: Die Scholastik umgibt einen Weltgott mit den Begriffen des Allmächtigen, Allwissenden, schlechthin Vollkommenen, sie rationalisiert das Wesen ihres Gottes; die Mystik macht nicht ein Mittel zum Zweck, sie ist »verstarrt« in Anfang und Ende der absoluten Indifferenz, sie weiß, daß man Gottes ledig werden müsse und gottlos, weil es nichts Absolutes gibt als in der Gottheit des Transrationalen. —

Man könnte gegen eine derartige Bestimmung des mystischen Typus oder des typisch Mystischen einwenden, daß damit wohl die Mystik in ihrem Telos und Erlebnis: der Einigung mit der Gottheit im Nichtwissen, als Überwindung des Rationalismus verstanden werde, daß aber die rationale Substruktion zu stark betont werde, weil auch ohne sie und ohne ihre Vermittlung der Weg frei sein müsse zur unio, zum Aufgehen in einem Gestaltlos-Göttlichen. Man könnte die mystischen Nonnen des Mittelalters anführen, die durch ein irrationales Wissen, ein Gefühlserlebnis, ans Ziel gelangt wären, oder die erotische Christusmystik Bernhards von Clairveaux, oder schließlich die »mystische Theologie« des Kanzlers Gerson, der gerade den Laien und Ungebildeten die myſtiſche Einigung mit Gott durch die bloße Andacht, den frommen Glauben und die reuige Willensverfaſſung offen ließ. Aber dagegen wäre zu ſagen, daß bei ihnen allen das Weſentliche, die Aufhebung der Subjekt-Objekt-Spaltung, praktiſch oder theoretiſch nicht vollzogen wird und nicht vollzogen werden ſoll. Das typiſch Myſtiſche wird bei ihnen umgebogen durch das Suprarationale, Chriſtus und Gott bleibt Gegenſtand, etwas Konkretes, nie ganz Aufhebbares; eine auf den Glauben und die Autorität begründete Lehre, eine hiſtoriſche Religion wahrt ihre Anſprüche und bildet den Begriff der Häreſie und der häretiſchen Myſtik, und Bernhard wie Gerſon beſtreiten die Möglichkeit der Weſenseinheit mit Gott zugunſten einer Willenseinheit, damit Menſch und Gott ſich wie Ich und Du, wie Geſchöpf und Schöpfer ewig gegenüberſtehen. Selbſt Tauler geſellt ſich oft genug zu ihnen mit ſeiner Abneigung gegen die religiöſe Spekulation über das Etwas und Nichts und den Funken der Seele, ſelbſt er dringt auf den einfältigen Glauben und verwahrt ſich gegen die Anmaßung derer, die meinen, ſo wie Chriſtus eins werden zu können mit Gott und in ihn verwandelt zu werden. Auch er ſetzt die Gnade gegen die Natur, und damit ist der Erleuchtung, dem Wunder wieder Raum gegeben, wie es dem christlichen Theismus entspricht. Aber der zeitlose Typus des Mystikers kann nicht definiert werden aus zeitlich bedingten Einschlägen, seien es christliche, buddhistische, neuplatonische oder jüdische; nicht aus dem mythischen Beiwerk, sondern aus dem, was frei von empirischen Zufälligkeiten sich als das Wesentliche und Spezifische erhält. Und das ist jedenfalls nicht das Suprarationale mit seiner Gewärtigkeit für Offenbarungen und Visionen. Meister Eckehart lehnte sie ab, weil sie immer nur Einzelnen zuteil werden könnten und er das Allgemeine, das Menschheitliche suchte; vor allem aber, weil sie für ihre Wahrheit nicht einzustehen vermöchten, weil sie die Täuschung nicht ausschlössen, und er stellte ihnen die allgemein verbindliche Gewißheit entgegen, an der man so wenig zweifeln könne, wie an Gott selber: die Evidenz des Transrationalen. Wenn daher Denifle gesagt hat: »Wer alle Visionen für Erzeugnisse einer krankhaften Phantasie und für Illusion ansieht, muß auch die ganze Geschichte der Mystik als eine Krankheitsgeschichte betrachten«, so sucht er vom kirchlichen Standpunkt das Wunder zu retten, wie vor ihm besonders Gerson, aber mit derartigen Bedürfnissen bestimmt sich nicht die Differenz geistesgeschichtlicher Typen.

Nur das ist zuzugeben, daß der mystische Zustand, die Erfahrung eines absolut Transzendenten im Seelengrunde, vom Standpunkt der Mystik aus betrachtet, nicht das **bewußte** Durchschreiten der rationalen Stufenleiter im einzelnen Falle voraussetzt, daß Psychologisches und Ontologisches sich nicht gleichsam auf allen Stationen treffen; ja, man kann sagen, daß ein nicht weiter ableitbares religiöses Verhalten und Erlebnis **vor** seiner Beschreibung und Rechtfertigung bestehe, aber das, was erfahren wird und erfahren werden soll, das hat sein typisches Merkmal in der reflexiven Bestimmung und Transzendierung, und sein objektiver, absoluter Wert wird auf keinem anderen Wege zur Besinnung erhoben als durch die rationale Substruktion eines Transrationalen.

Wenn man weiter behaupten würde, daß doch die Mystik ihr Ziel in die Seligkeit setze, in ein Affektives und Unrationales, so ist dieser mystische Zustand doch keineswegs durch Namen und Begriff des »Gefühls« auszudrücken und keineswegs als »irrational« anzusprechen; schon deswegen nicht, weil dieser Terminus infolge seiner historischen Belastung, durch die Epoche des reflexionsfeindlichen und senfualistisch-naturalistischen Irrationalismus in der zweiten Hälfte des 18. Jahrhunderts, nur verwischend wirken kann gegenüber dem mystischen Begriff der Unwissenheit und der docta ignorantia. Scheidet man »Gefühl« von »Empfindung« als Beziehung auf ein Subjektives gegenüber einem Objektiven, so fühlt der ideale Mystiker weder »sich« noch empfindet er »etwas«, denn seine Sehnsucht geht auf das Auslöschen von beidem. Als der Buddhajünger Sariputta gefragt wird nach dem Nirvana: »Wie kann hier Seligkeit sein, da hier doch keine Empfindung ist?« antwortet er: »Eben dies ist die Seligkeit, daß hier keine Empfindung ist« (Oldenberg). Und Meister Eckehart sagt: welche Wonne der Geist in der Einigung habe, »das kann ich nicht wissen. Ich kann auch davon nichts sagen, als daß der Geist da in seiner höchsten Macht und in seiner größten Wonne ist«; dasselbe, was er sonst das tiefe Schweigen des Nichtwissens nennt. Madame Guyon spricht von dem »mystischen Tode«, von dem Stande der Vernichtung, in dem die Seele nichts empfindet, nichts hat, nichts ist, nicht leidet und sich nicht freut. Wie man auch die Projektion eines höchsten Lustwertes in einen Zustand der Unbewußtheit sich vorstellen mag, mit dem Irrationalen hat das Entwerden im Transrationalen nichts zu tun, und den myſtiſchen affectus der letzten Liebesgemeinſchaft mit Gefühl zu überſetzen, iſt bei Spinoza ſo irreführend wie bei Gerſon. Gerade mit Hinſicht auf Gerſon ließe ſich die allgemeine Behauptung aufſtellen: je mehr die Religioſität orientiert iſt an dem Begriff der »himmliſchen Seligkeit«, eines vergeiſtigten Eudämonismus zugunſten einer geretteten Seele und Individualität zugleich, unter Fortbeſtehen zeitlicher und räumlicher Situationen, um ſo mehr behalten die Termini von der fruitio dei, von der saporosa sapientia, von dem Schmecken und Schauen Gottes einen ſinnlichgefühlsmäßigen Einſchlag, und umſo mehr entfernen ſie ſich von dem Telos der Myſtik. Und wenn auch Gerſon jene oben zitierten Worte des Dionyſius von der ἄλογος σοφία durch irrationalis sapientia wiedergibt, und wenn er die sapida scientia der Laienfrömmigkeit zugeſteht, dieſe Art von pietas iſt hier ſo gut wie im hiſtoriſchen Pietismus und ſeiner »Bräutigamsmyſtik« eben durch ihre Irrationalität und ihren Empfindungscharakter unmyſtiſch und niemals konſtituierend für den myſtiſchen Typus. —

Man braucht der Sprache nicht pedantiſch ihre Freiheit zu nehmen in der Anwendung der Ausdrücke »Myſtik« und »myſtiſch«, aber man kann für die geiſtesgeſchichtliche Betrachtung und für die Feſtſtellung der Begriffe und ihres Umfanges nicht die ſtändige Reflexion auf den typiſchen Konzentrationspunkt entbehren, von wo aus nun, wie von einem zeitlos Feſtſtehenden und Gültigen, die relativ möglichen, hiſtoriſch und individuell bedingten Verbindungen mit der »reinen« Myſtik benannt und beurteilt werden. Myſtik iſt nicht Myſtizismus; und wenn von Chriſtusmyſtik, Naturmyſtik, Sakramentsmyſtik, Logosmyſtik und dgl. geſprochen wird, ſo mag das Moment der Vereinigung von Menſchlichem und Göttlichem dieſe Terminologie rechtfertigen, aber Myſtik kann das alles nur durch den Transrationalismus ſein, mag die hiſtoriſche Konſtellation nun in Chriſtus oder in der Natur die Transzendierung des Abſoluten fördern oder hemmen. Selbſt da, als die Natur, die räumlich unermeßlich geweitete Welt, ſich als eine gewaltige und ganz neue Realität in das Bewußtſein des religiöſen Menſchen drängte und gegen die Kirche religiös verarbeitet zu werden forderte, wie im Zeitalter der Renaiſſance und der naturwiſſenſchaftlichen, geographiſchen und aſtronomiſchen Entdeckungen; ſelbſt da, als die barocke Spannung zwiſchen ſeeliſcher und kosmiſcher Unendlichkeit und die ewige Antithetik und Synthetik des Seienden die Welt in ungeheurer Bewegung erlebt werden ließ, d. h. bei Agrippa, Parazelſus, Böhme, Giordano Bruno; ſelbſt hier, in dieſer »Naturmyſtik«, beruht das myſtiſche Element ihrer Weltanſchauung nicht in dem Naturpantheismus und nicht in der mikrokosmiſchen Selbſterfahrung und nicht in der Beſeelung aller Kräfte und Elemente der Natur. Vielmehr iſt dies nur eine hiſtoriſch bedingte Abwandlung des myſtiſchen Panentheismus aller Zeiten, aber im Myſtiſchen und ſeiner Nähe wird ſie nur dadurch erhalten, daß hier im Grunde Naturphiloſophie getrieben wird, daß es ſich handelt um einen in die Tiefe grabenden Erkenntniswillen, der durch Naturwiſſenſchaft und Kenntnis ihrer Geſetze zu einem letzten geiſtigen Grunde zu gelangen ſucht, über das Elementariſche und Aſtrale, über Verſtandesſeele und Geiſtſeele; und hinter dieſem der Natur und ihrer Vielfältigkeit hingegebenen Willen und hinter dem erlebten Leben ſteht eben das, was das Myſtiſche ausmacht, nirgends bezeichnender als bei Böhme: die im Transrationalen, Unbewegten, Einen, Unerkennbaren endigende Spekulation und rationale Subſtruktion, die dem Menſchen ſeine Einheit mit dem Ungrunde nachweiſt und ſie nach-denkt.

Wo die »Naturmyſtik« indeſſen in Magie und Alchemie umſchlägt, d. h. wo der Menſch ſeine Kräfte und ſeine Kenntnis der Natur einem konkreten Zweck, einer zauberiſchen, fauſtiſchen Schöpfung und Tat unterſtellt, wo er etwas in der Welt erreichen will, um ſeine Macht zu dokumentieren, da entfernt er ſich vom eigentlich Myſtiſchen; und ſchließlich ſteht der Magier in dem gleichen Abſtand von der Myſtik wie der Prophet, weil beide auf das äußere Werk und Geſchehen gerichtet ſind. Nur das innere Werk aber, das Zeit und Ort nicht beſchließen mag, das nicht alt und müde wird, das man nicht hindern und bezwingen kann, iſt göttlich, ſagt Meiſter Eckehart, weil es wie die Gottheit allenthalben und allezeit gegenwärtig iſt im Nicht-Tun und Nicht-Wiſſen.

Ich kehre an den Anfang meiner Ausführungen zurück. Meine Abſicht war, den Begriff und Typus der Myſtik in möglichſt genauer Differenzierung abzugrenzen gegen anſcheinend Verwandtes und Benachbartes; ſelbſt auf die Gefahr hin, an die Stelle hergebrachter Ausweitung eine Verengerung zu ſetzen. Wieweit das typiſch Myſtiſche der gotiſchen, fauſtiſchen und romantiſchen Mentalität angehört, oder warum es nicht unter derartige Begriffe fällt; wie fehr es fich überhaupt einer fchematifchen Zweiteilung der Seelenvermögen entzieht, das brauche ich nicht mehr zu erläutern. Daß für die Definition des Myftifchen und der Myftik der Begriff des Rationalen und des Rationalismus von ausfchlaggebender Bedeutung fei, das glaube ich erwiefen zu haben und damit eine nicht zufällige Wahl des Themas.